LA FRANCE

DOIT-ELLE CONSERVER

ALGER.

LA FRANCE
DOIT-ELLE CONSERVER
ALGER?

PAR

UN AUDITEUR AU CONSEIL-D'ETAT

PARIS,

IMPRIMERIE DE BÉTHUNE ET PLON

36, Rue de Vaugirard.

—

1835.

LA FRANCE

DOIT-ELLE CONSERVER

ALGER?

—————◆—————

CHAPITRE PREMIER.

DE LA COLONISATION EN GÉNÉRAL.

Avant d'entrer dans la question spéciale d'Alger, je crois devoir m'occuper avec quelque détail du problème général de la colonisation.

Il est arrivé ici, comme toujours, que le même mot a servi à désigner des faits essentiellement distincts, des faits que séparent également leur origine, leur nature et leurs résultats. On a parlé des colonies grecques, des colonies romaines, des colonies de l'Inde et des colonies d'Amérique, sans tenir compte des dissemblances profondes qui devraient nous défendre d'appliquer le même nom à des phénomènes si peu analogues. Essayons d'étudier ces quatre grands types de la colonisation.

Les colonisations grecques ne furent, à vrai dire,

que des émigrations. Une population surabondante, mal à l'aise sur l'étroit territoire de la métropole, allait se déverser sur les côtes les plus voisines. Les Doriens émigraient en Italie ou en Sicile. Les Ioniens et les Étoliens émigraient dans l'Asie-Mineure ou dans les îles de la mer Égée. Heureuse de se décharger d'un fardeau qui la fatiguait, la Grèce secondait souvent par ses vaisseaux ou ses trésors le départ de ces enfants deshérités, allant chercher une nouvelle patrie. Mais, du reste, les nouveaux états ainsi fondés ne se considéraient aucunement comme provinces de la métropole. Leur indépendance était absolue. Seulement, il est certain que les peuplades émigrées conservaient avec la Grèce des relations suivies et intimes. Comment aurait-on oublié qu'on était du même sang, de la même race, qu'on parlait la même langue, qu'on adorait les mêmes dieux, alors que tout était si tranché, si distinct, et par conséquent si hostile, les races, les langues et les religions? Pendant plusieurs siècles, les Francs établis dans la Gaule, colons de la Germanie, au même titre que les Syracusains étaient colons de la Grèce, ne cessèrent de regarder les barbares d'Outre-Rhin comme des frères, et leurs voisins, les Gaulois, comme des étrangers ou des ennemis. Dans les grandes querelles de l'Austrasie et de la Neustrie, tous les hommes d'origine allemande se donnaient encore la main. La métropole faisait cause commune avec la colonie.

Aujourd'hui, les progrès de la civilisation, les relations multipliées de peuple à peuple, ont si bien effacé les individualités nationales; aujourd'hui, les races diverses se sont si bien fondues et rapprochées, que si des émigrations comme celles de la Grèce ou de la Germanie pouvaient encore avoir lieu, nous ne verrions pas se reproduire ces profondes et vivaces sympathies entre la colonie et la métropole, qui traversaient les événements et les siècles sans se perdre et sans s'altérer. Il me reste à dire que l'émigration (apoikia), ou si l'on veut la colonisation grecque, a produit les plus brillants résultats. Syracuse et Agrigente en Sicile, Tarente et Locres en Italie, Éphèse et Milet en Asie-Mineure, n'eurent rien à envier aux plus florissantes cités de la Grèce. Il est même à remarquer que les deux plus anciennes écoles de philosophie grecque, celles de Thalès et de Pythagore, se sont ouvertes dans les colonies.

La colonisation romaine ne ressemble que par un point à celle dont je viens de parler. Comme elle, elle était nécessitée par un surcroît de population souffrante. Hors ce seul point, tout diffère. Il ne s'agit plus ici d'émigration volontaire, de fondation d'un état nouveau sur un rivage étranger. Le colon romain est établi sur le territoire de la république. C'est un acte législatif qui règle sa destination, le lot de terre qui doit lui échoir, les devoirs qui lui sont imposés. La colonie n'est qu'un nouveau municipe, surveillé par les magistrats de la république, obéissant à ses lois, payant ses impôts. Cette forme ne se prêtait pas comme la forme grecque, à la rapidité du développement. Parmi les colonies romaines, Florence occupe le premier rang, et cependant que de lenteur dans son accroissement, si on la compare aux cités de la grande Grèce !

Pour bien comprendre la colonisation romaine, pour sentir combien peu d'analogies les économistes modernes peuvent y trouver, il faut se transporter par la pensée dans cette ville fondée par la loi agraire, toujours préoccupée de ce souvenir. Il faut se représenter ce peuple misérable, qui n'eut qu'une pensée et qu'un cri, l'abolition des dettes, et la distribution des terres; il faut apprécier la situation véritable du prolétaire romain, bien plus désespérante à coup sûr que celle de nos prolétaires. Chez nous, l'homme qui n'a pas de terres peut se créer d'autres ressources. S'il possède quelqu'argent, il peut devenir fermier. S'il n'a rien, il peut se livrer à un métier lucratif; il peut, du moins, louer le travail de ses mains. A Rome, au contraire, l'homme sans terres était un homme sans ressources. L'esclavage ne laissait pas de place au prolétariat entre la propriété foncière et la mendicité. C'était l'esclave qui était fermier. C'était l'esclave qui exploitait les diverses industries. C'était encore l'esclave qui remuait la terre ou transportait les fardeaux. Ainsi, l'homme libre et pauvre était proscrit de cette société hors nature. Il n'avait pour vivre que les distributions publiques et les largesses des candidats. Ainsi s'explique cette lutte profonde, incessante, entre les riches et les pauvres, qui a constamment travaillé la société romaine, cette lutte dont on nous menace sans cesse, mais qui est aussi impossible chez les modernes qu'elle était inévitable chez les anciens. Ainsi s'expliquent aussi ces colonisations par sénatus-consulte, demi-satisfactions accordées par la classe possédante à la classe qui ne possédait pas. Ne pouvant donner des terres à Rome, on en distribuait largement dans les provinces. La présence des populations vaincues et les droits de la propriété n'arrêtaient pas les conquérants d'alors, comme elles nous arrêteraient aujourd'hui. La république prenait les terres à sa convenance, et y établissait ses colons.

Il est une autre observation qu'il ne faut pas perdre de vue. Les colonies lointaines des nations modernes sont pour elles une cause de faiblesse et de dépenses. Toujours exposés à devenir la proie du premier envahisseur, ces établissements excentriques ne suffisent jamais à leur défense. Ils ont toujours besoin d'être protégés par les soldats et par les flottes de la métropole. Les Romains, au contraire, trouvaient dans leurs colonies un moyen puissant d'influence et de force. C'était comme une fortification vivante que Rome élevait et étendait autour d'elle. Elle ne jetait pas ses colons au-delà des limites de l'empire, hors de la portée de ses légions. Elle les établissait d'abord à ses portes ; puis elle fondait une seconde ligne de colonies appuyée sur la première ; et c'était ainsi qu'elle faisait suivre la conquête militaire, d'une seconde conquête plus lente, mais plus sûre, d'une invasion progressive de ses mœurs, de sa langue et de son peuple. D'ailleurs, dans une société où tous les citoyens étaient soldats, les colons étaient mieux en état que ne le sont les nôtres de défendre leur territoire. Bien plus, c'étaient souvent des vétérans, des légions entières qu'on transportait dans une province récemment conquise, pour en achever et en assurer la soumission. C'est ainsi que, de nos jours, l'empereur de Russie établit des colonies militaires sur le Don et le Volga, pour fixer quelques populations dévouées dans les parties les moins dépendantes de son vaste empire.

Si l'origine des colonies anciennes est dans la nécessité, celle des colonies modernes est dans la spéculation. Elles marchent à la suite des grandes découvertes qui signalèrent la fin du quinzième siècle, et qui ouvrirent un si vaste champ à l'esprit d'aventure, aux vastes espérances de fortune.

Ces découvertes, qui ont donné l'essor au génie des spéculations, étaient avant tout des spéculations elles-mêmes. On enviait à Venise les trésors que ses relations avec l'Egypte, et par l'Egypte avec l'Orient, faisaient affluer dans l'Adriatique. Le commerce avec l'Orient, voilà le but que poursuivaient tous les peuples navigateurs. Une route vers l'Orient, voilà ce qu'ils cherchaient avant tout. Depuis longtemps, le Portugal poussait ses reconnaissances le long des côtes d'Afrique : les îles du cap Vert, la Guinée, le Congo, avaient été successivement découverts. Enfin, Vasco de Gama doubla le cap des Tempêtes, et après une navigation de onze mois, il eut la gloire d'aborder le premier aux rivages indiens.

C'était pour arriver au même but que Christophe Colomb avait pris une direction toute contraire. Heureusement, il n'arriva pas. L'Amérique lui barra le chemin.

Les spéculateurs ne tardèrent pas à se précipiter sur ces deux routes opposées que la hardiesse des navigateurs leur avait ouvertes. Bientôt des colonies naquirent à l'Orient et à l'Occident; mais, comme je l'ai dit plus haut, rien n'est moins semblable que ces deux phénomènes contemporains. Il faut étudier séparément la colonisation indienne et la colonisation d'Amérique.

Quant aux établissements orientaux, dont je vais m'occuper d'abord, j'hésite, en vérité, à leur donner le nom de colonies. Nous y trouvons tout, excepté des colons. Et en effet, que seraient-ils allés faire

aux Indes ? A quoi bon créer un peuple nouveau,
là où existe un peuple riche et industrieux ? Ajoutons qu'on ne se substitue pas à une nation nombreuse et intelligente, comme les colons d'Amérique
se substituèrent aux chasseurs timides et à moitié
nus de cette partie du monde. Les efforts des commerçants européens aux Indes n'eurent donc qu'un
but, ce fut d'exploiter une nation qu'il ne fallait
songer ni à exterminer, ni à dépouiller immédiatement. D'abord, cette exploitation fut purement commerciale : les Indiens n'eurent pas trop à s'en plaindre. Les Portugais et les Hollandais après eux se
contentèrent d'établir des comptoirs dans les principaux ports, et de se réserver le commerce exclusif
d'importation et d'exportation. Les Portugais, se
prévalant de leur découverte, voulurent interdire
l'accès même des Indes aux navires de toutes les autres nations. Je n'ai pas besoin d'ajouter, qu'ils ne
purent faire respecter long-temps cette défense ridicule. L'Angleterre, qui succéda au Portugal et à la
Hollande dans la possession des Indes, ne tarda pas
à joindre l'exploitation administrative à l'exploitation commerciale. Les compagnies privilégiées qui
s'en chargèrent, trouvèrent le plus clair de leur
profit dans les impôts prélevés sur les Indiens.
Quoique le commerce d'échange entre l'Inde et la
compagnie se soit élevé dans les derniers temps à
la somme énorme de 600 millions, cependant les

frais étaient si considérables qu'elle n'a pu se soutenir; son privilége a été aboli commercialement; les ports de l'Inde ont été ouverts à tous les navires britanniques, et de l'ancienne concession, la compagnie n'a conservé que le droit vraiment lucratif de gouverner les Indiens. En sorte que l'on est arrivé, dans l'Inde, à ce bizarre résultat d'une compagnie de commerçants qui fait tout dans le pays, excepté le commerce.

J'ai hâte de passer aux véritables colonies, à celles que nous connaissons, que nous discutons, aux colonies américaines. L'affluence y fut beaucoup plus grande qu'aux Indes orientales. Le voyage était moins long et moins pénible; surtout l'appât de l'or était bien plus puissant que celui d'un bénéfice commercial plus ou moins incertain. En Amérique, disait-on, il n'y avait qu'à se baisser et à prendre, et en effet, pendant quelque temps, la poursuite de l'or fut si lucrative que le gouvernement espagnol put s'adjuger la moitié des profits sans décourager les spéculateurs. Mais quand les indigènes furent complètement dépouillés, et qu'il fallut en venir à l'exploitation des mines, les résultats commencèrent à devenir moins brillants. Le gouvernement fut obligé de se contenter d'un cinquième, puis d'un dixième, puis enfin d'un vingtième de cet or péniblement extrait du sein de la terre. L'Espagne avait eu un moment d'éclat factice, qu'elle ne tarda pas à expier. Accoutumée au luxe des premiers temps de la conquête, privée des capitaux et de l'industrie que le Nouveau-Monde avait complètement absorbés, elle éprouva le supplice de ce roi de la fable qui changeait en or tout ce qu'il avait le malheur de toucher. A coup sûr, si la découverte de l'Amérique n'avait eu d'autre résultat que de quintupler la masse des métaux précieux existant en Europe, elle aurait ajouté bien peu de chose à nos jouissances. L'augmentation du numéraire peut accroître pendant quelques instants la richesse relative de ceux qui détiennent ces quantités additionnelles; mais, une fois qu'elles sont livrées à la circulation, le niveau se rétablit, le prix du numéraire baisse, et les pièces cinq fois plus nombreuses équivalent exactement à la même somme totale, parce que chacune d'elles ne représente plus que le cinquième de sa valeur primitive.

S'il y eut de grands mécomptes pour ceux qui ne cherchaient en Amérique que des métaux précieux, il n'en fut pas de même de ceux qui y formaient des établissements durables. Ceux-là furent les véritables colons; et je dois ajouter que l'intérêt privé présida seul à leurs entreprises comme à toutes celles dont je parle ici. Les gouvernements restèrent étrangers à ce grand mouvement de colonisation, dont ils se disputèrent ensuite les résultats. Des hommes hardis s'associaient quelques compagnons, et faisaient fuir devant eux les peuplades faibles et timides qu'effrayaient leurs vaisseaux, leurs coursiers, leurs armes à feu. Cortès s'emparait du Mexique avec 600 hommes et 18 chevaux. 102 hommes et 62 chevaux suffisaient à Pizarre pour faire la conquête du Pérou. Puis, venaient des émigrés d'un autre caractère, et bien plus propres que ces soldats farouches, à fonder quelque chose de stable et de régulier : c'étaient les hommes que les persécutions de tout genre avaient exilés de l'Europe. L'intolérance religieuse eut surtout une large part dans ce mouvement. Il faut lui rendre cette justice, qu'elle a colonisé à elle seule une bonne partie du nouveau monde. Les puritains anglais, mal à l'aise chez eux, établirent les quatre gouvernements de la nouvelle Angleterre. Les catholiques anglais, encore plus maltraités, créèrent le Maryland ; les quakers, la Pensylvanie ; enfin les juifs portugais, exilés au Brésil, parvinrent à faire un peuple, de tous les hommes de la même nation qu'on y avait déportés avant eux.

La prospérité de ces nouvelles colonies, leur développement rapide, s'expliquent facilement. Des terres fertiles, immenses, réclamaient des bras pour les cultiver Or, les bras viennent toujours partout où on les réclame. L'extrême élévation de la main d'œuvre met l'ouvrier à même d'entreprendre bientôt pour son propre compte de nouveaux défrichements. Il paie à son tour d'autres ouvriers, qui se transforment tout aussi promptement en maîtres et

en propriétaires. Dans un tel état de choses, les enfants sont une richesse. La charge de les nourrir est
nulle, le profit de leur coopération est immense,
et voilà un puissant encouragement à la population.
Aussi, la précocité et la fécondité des mariages est-
elle un fait constant dans les colonies américaines ;
les femmes y sont une denrée de fort bon débit,
témoin l'accueil fait à ces cargaisons de filles publiques qu'une compagnie française expédiait au
Canada.

La création d'un nouveau peuple est toujours un
événement heureux pour tous les autres, surtout
quand ce peuple, établi sur un sol vierge, au milieu
d'une nature originale, jette dans le commerce des
productions inconnues jusqu'alors. Que de richesses,
que de jouissances la vieille Europe ne doit-elle pas
aux colonies américaines? Calculez les conséquences
de la seule culture du coton sur le sort de nos so-
ciétés modernes et sur le sort des classes pauvres en
particulier. Songez, quand vous savourez le déli-
cieux mélange du sucre et du café, songez au bœuf
rôti et à la bière qui composaient le déjeûner de la
reine Élisabeth. Il y a plus. Remarquez que si nos
ateliers, si nos richesses, si notre luxe en tout genre,
ont reçu un accroissement si prodigieux, nous le
devons en grande partie à ces nouvelles nations de
consommateurs et de producteurs qui, de l'autre
côté de l'Atlantique, nous ont offert leurs matières

premières, en échange de nos produits manufacturés.

Qui a ralenti ce grand mouvement? qui a tari en grande partie à leur naissance ces sources de prospérité et de bonheur? c'est l'esprit spéculateur, l'esprit marchand qui avait présidé, nous l'avons vu, à la création même des colonies, et qui dirigea, par malheur, les nations européennes dans leur conduite vis-à-vis d'elles. Les théories, à bon droit nommées mercantiles, s'imposèrent aux gouvernements.

L'école mercantile leur dit : emparez-vous des colonies. Soumettez-les à vos lois. Faites-en des provinces de votre empire. On est toujours plus fort quand on est plus grand. Faux principe que la vanité des peuples et des princes n'est que trop disposée à adopter! Un accroissement de territoire contigu est ordinairement un accroissement de puissance. Encore serait-il facile de citer telles provinces dont l'acquisition a été une cause de faiblesse pour l'état qui s'en était emparé; des provinces mal soumises et mécontentes qu'il faut contenir par une nombreuse garnison, qu'il faut défendre contre l'ennemi extérieur; des provinces qui ne font qu'augmenter le nombre des points vulnérables de la frontière et nécessiter, de la part des autres parties de l'empire, des sacrifices sans compensation. Hé hien! je ne crains pas de le dire, toutes les colonies sont dans ce cas.

Ajouteraient-elles à la puissance militaire de la

métropole, elles qui n'ont jamais suffi à leur propre défense ; elles qui nécessitent toujours l'envoi de troupes et de flottes nombreuses? Dans toutes les guerres qu'elle soutient en Europe, la métropole regrète amèrement les forces que la colonie absorde et neutralise.

Ses ressources financières seraient-elles, du moins, augmentées? Non, certes. La colonie lointaine absorde beaucoup, et ne rend rien. D'impôts, il n'en faut point parler. On sait que l'établissement d'une taxe donna le signal de la guerre de l'indépendance. L'Espagne est le seul gouvernement qui ait tiré quelques revenus de ses colonies. Encore, cet avantage qu'elle a cruellement expié depuis, ne fut pas de longue durée. Parcourez l'histoire de toutes les colonies, vous en trouverez (celles de l'Amérique septentrionale, par exemple, avant l'insurrection) qui ne subviennent pas même à toutes les dépenses de leur administration intérieure, et ne paient que 1,500,000 francs, pour une population de trois millions d'hommes. Vous en trouverez d'autres (comme la Martinique aujourd'hui) qui pour ce même objet de l'administration intérieure, supportent un impôt quadruple de celui qui pèse sur nous. Mais vous n'en trouverez pas une seule qui n'ait constamment coûté, et beaucoup coûté à sa métropole. Si l'on additionnait aujourd'hui toutes les dépenses de cette nature, on arriverait à des sommes

qui effrayeraient l'imagination. Que serait-ce, si au
budget ordinaire et régulier des colonies on venait
à joindre toutes les pertes qu'elles ont occasionnées!
Toutes les guerres navales, depuis plusieurs siècles,
ont eu les colonies pour objet. Que de richesses, que
d'activité, que de courage livré en proie à l'Océan,
et qu'on aurait pu mettre au service de la prospérité
intérieure des états! Et ce n'est pas seulement sur
mer qu'on s'est battu pour les colonies. Des armées sont allées se chercher par delà l'Atlantique,
pour se disputer les pêcheries de Terre-Neuve ou
les pelleteries du Canada. Les champs de Québec
et vingt autres champs de bataille ont été arrosés
de sang, et pourquoi? Pour qu'un jour la colonie
florissante prit à son tour les armes contre le vain-
queur, et lui arrachât par dix années de combats
une tardive déclaration d'indépendance! Car, remarquons-le, c'est là qu'aboutit, en dernière analyse,
le système colonial. Si une colonie réussit, prospère,
elle réclame la liberté et finit par l'obtenir! En vain
l'Angleterre a-t-elle jeté deux milliards de plus dans
le gouffre des colonies en soutenant la guerre de
l'indépendance. En vain l'Espagne a-t-elle fait de
douloureux sacrifices pour conserver ses possessions.
En vain Napoléon lui-même a-t-il dépensé des millions et un corps d'armée, à Saint-Domingue.
L'heure de l'émancipation a sonné. Bientôt les nations européennes ne conserveront même plus cette

apparente domination, résultat misérable de tant de pertes follement accumulées.

Mais, dit-on, il existe des dédommagements que l'émancipation même des colonies ne saurait enlever à la métropole. Les goûts, les habitudes d'une longue dépendance ne s'effacent pas en un jour. Les habitants des États-Unis, exclusivement approvisionnés de marchandises anglaises, habitués, pendant des siècles, aux mœurs et à la langue de l'Angleterre, sont demeurés Anglais, malgré les victoires de Wasington. Les manufactures anglaises ont conservé leur pratique. De même, les anciens colons de Saint-Domingue ont gardé l'empreinte de la domination française; il leur faut des étoffes de France, des vins de France. Ils sont restés tributaires de notre industrie. Je suis loin de nier ce fait. Mais je crois qu'on lui a donné une importance exagérée. A présent que toutes les barrières nationales s'abaissent devant la supériorité des produits; à présent que les questions d'origine tendent à s'amoindrir, ou même à disparaître tout-à-fait; à présent que certaines marchandises anglaises sont préférées en France, comme certaines marchandises françaises en Angleterre, il ne faut pas croire que cet engouement des anciens colons puisse durer long-temps, contre leurs propres intérêts. Soyons assurés qu'ils ne tarderont pas à faire comme tout le monde; c'est-à-dire, qu'ils demanderont à chaque marché ce qu'il fournit à des conditions plus avantageuses que tous les autres.

L'école mercantile a émis ensuite cet axiôme, si souvent répété: point de marine sans colonies. Il lui est facile, en effet, de montrer, l'histoire à la main, que les colonies ont toujours et successivement appartenu aux grandes puissances maritimes. Mais faudrait-il en conclure que la possession des colonies a créé les puissances maritimes, ou plutôt, ne faudrait-il pas supposer que la prépondérance maritime a procuré la possession des colonies? Les faits viennent tous à l'appui de cette explication. Partout nous voyons que la domination des mers précède la domination coloniale. Comment, s'il n'en était pas ainsi, les établissements de l'Amérique et des grandes Indes auraient-ils été enlevés aux Espagnols et aux Portugais, dont une possession exclusive eût dû accroître incessamment la prépondérance navale? Comment ces établissements auraient - ils passé tour-à-tour sous les lois de tant de maîtres différents? Certes, Albuquerque était loin de penser qu'il travaillait aux Indes pour les Hollandais, puis pour les Français et les Anglais, et enfin pour les Anglais seuls. L'Espagne ne croyait pas que l'Angleterre dût la supplanter en Amérique; et cependant, il n'en pouvait être autrement. Les provinces lointaines sont la proie inévitable du peuple qui règne sur les mers. Ce rôle appartenait au Portugal et à l'Espagne au commencement du seizième siècle ; le Portugal et l'Espagne ont possédé les colonies. Puis, ont surgi au dix-septième siècle l'Angleterre et la Hollande ; et la Hollande a dépossédé le Portugal, l'Angleterre s'est justa-apposée à l'Espagne. Puis, la France du dix-huitième siècle a fait respecter son pavillon ; et elle a saisi sa part dans les possessions orientales, comme dans les possessions trans-atlantiques. Enfin, l'Angleterre a détruit les flottes de la France et de la Hollande ; et l'Angleterre seule a conservé des colonies.

Je n'ai garde de presser cette question maritime. Je n'ai garde de dire : à quoi bon une marine aujourd'hui ? Si l'on avait des colonies pour avoir une marine, on ne créait aussi une marine que pour conserver des colonies. Non, je ne veux pas traiter si légèrement un problème de cette gravité. Je me permets cependant de penser que les marines militaires ont perdu de leur importance, par l'émancipation des colonies. Aujourd'hui, les destinées de l'Europe ne se jouent plus aux Antilles ou dans la mer des Indes. S'il se livre des batailles navales, c'est à Aboukir, à Trafalgar ou à Navarin. Et encore, que sont ces combats dans la balance des empires, en comparaison de Fleurus, d'Austerlitz ou de Waterloo ? Je crois qu'il ne serait plus vrai de dire aujourd'hui avec Lemierre :

Le trident de Neptune est le sceptre du monde.

J'ajouterai que chaque nation a sa destination particulière, dont elle ne doit s'écarter qu'avec beaucoup de prudence. Je puis me tromper, mais la France ne me paraît pas destinée à devenir jamais la première puissance maritime. C'est une gloire qu'il faut peut-être laisser aux peuples qui sont marins bon gré malgré, en vertu même de leur position géographique. Pour l'Angleterre et les États-Unis, la question maritime n'est pas une question de choix; c'est une question d'existence. Et, c'est là, pour le dire en passant, ce qui a donné l'essor aux armements de ces deux puissances. Il serait difficile d'attribuer le développement de leur marine à leurs possessions coloniales, car les États-Unis n'ont jamais eu de semblables possessions.

C'est surtout dans l'exposition des avantages commerciaux des colonies, que l'école mercantile a brillé de tout son éclat. Elle a inventé cette théorie de la balance du commerce que les économistes ont réduite à sa juste valeur, mais que vénèrent encore profondément ces hommes de la pratique, qui ont en si grand mépris les livres en général, et les livres d'économie politique en particulier. L'école mercantile a prétendu qu'il fallait importer le moins possible, et exporter le plus possible. La balance est en faveur de ceux qui ont le plus exporté. Il convient donc que chaque peuple produise tout lui-même et ne demande rien aux étrangers. Venant à l'application de ses doctrines, l'école mercantile a isolé les colonies du monde entier, et ne leur a permis de relations qu'avec leur métropole. Elle a réservé aux navires nationaux le transport des envois réciproques de la métropole et de la colonie. Elle a réservé pareillement à sa nation le droit exclusif d'acheter les productions coloniales, et de vendre aux colons les marchandises dont ils ont besoin. Elle a protégé par un double droit les produits nationaux contre la concurrence de ceux des colonies, et les produits des colonies contre la concurrence de ceux de l'étranger. Enfin, quand elle a trouvé une colonie produisant une denrée spéciale, unique, elle a assuré à sa nation le monopole de sa vente et de son achat.

Tel est l'ensemble de cet incroyable système que l'école mercantile fait encore peser sur nous, et qui n'a qu'un but : assurer des pratiques aux marchands de la métropole, quels que soient d'ailleurs le prix et la qualité de leurs marchandises. Démontrons que, dans ce système, les marchands ont tout sacrifié à leur intérêt privé, tout, l'intérêt commun des différentes nations, l'intérêt de la colonie, et celui de la métropole elle-même.

Et d'abord, un mot de cette prétendue balance du commerce. Est-il vrai qu'elle penche tantôt en faveur des uns, tantôt en faveur des autres, selon le rapport qui existe entre les importations et les exportations? Non certes, la balance du commerce est toujours dans le plus parfait équilibre. La masse d'importation d'un peuple donné égale toujours exactement la masse de ses exportations, et cela, par l'excellente raison que ses voisins ne lui apportent pas leurs marchandises, sans réclamer un équivalent. Mais le solde final du compte de chaque année se fait au moyen d'une somme d'argent, payée par celui des deux peuples qui a fourni le moins de marchandises en contre échange! Qu'importe? l'argent lui-même est ici une marchandise. Croit-on que le peuple qui le donne, l'ait obtenu sans livrer des marchandises en échange? Donner de l'argent, c'est exactement la même chose que si l'on donnait les marchandises en échange desquelles il a été reçu. Disons-le donc, la balance n'est jamais contre personne, si ce n'est contre ceux qui diminuent l'activité de leur commerce, et le nombre total de leurs échanges, par les réglements absurdes que je combats. L'échange commercial est une opération par laquelle les deux parties contractantes bénéficient également. Il ne s'agit donc pas de donner telle ou telle direction aux échanges, mais simplement de les multiplier.

En isolant les colonies du monde entier, et en ne leur permettant de relations qu'avec la métropole, on a diminué les jouissances de tout le monde, et l'activité de toutes les industries. Ici, la métropole souffre un peu moins que le reste du monde, et c'est là toute sa supériorité.

En réservant aux navires nationaux le transport des envois réciproques de la métropole et de la colonie, on est bien parvenu à assurer quelque occupation à la marine marchande du pays favorisé. Et en effet, nous voyons qu'en France, aujourd'hui encore, quoique nous n'ayons presque plus de colonies, un quart de notre marine marchande est absorbée par elles seules. Nous employons en tout 677,000 tonneaux, sans compter la pêche et le cabotage, et 181,000 tonneaux sont destinés pour nos colonies. Mais, sans parler de la souffrance qu'on impose à celles-ci, en leur faisant supporter des frais de transports, que le concours des étrangers aurait considérablement réduits, qu'il me soit permis de faire remarquer que nous ne prenons pas le vrai moyen de relever notre marine marchande de son infériorité trop bien constatée. Nous naviguons plus chèrement qu'aucun autre peuple. Il en sera de même, tant que l'économie ne nous sera pas imposée par la concurrence. Il faut savoir, d'ailleurs, jusqu'où l'on va, quand on est une fois engagé dans la voie des prohibitions et des monopoles. Pour donner une nouvelle activité factice à notre marine marchande, et pour lui assurer un fret plus considérable, on a défendu le terrage du sucre dans les colonies. Il faut qu'il soit remis sur nos vaisseaux avec sa mélasse. Les raffineries françaises ont eu aussi leurs raisons pour maintenir cet absurde réglement.

En réservant à la nation le droit exclusif d'acheter les denrées coloniales, et de vendre aux colons les marchandises dont ils ont besoin, on a assuré un débouché à la métropole ; et par là, je ne crains pas de le dire, on a étrangement méconnu ses véritables intérêts. On a créé, encouragé ces productions artificielles, qui ne vivent que de protection, que le grand jour tuerait, et qui conservent une existence douteuse et maladive, jusqu'à l'heure inévitable où les barrières commerciales seront renversées par le bon sens et l'intérêt commun des nations. Jusque là, les forces industrielles du pays sont absorbées par ces entreprises hors nature ; et celles que notre position, notre génie, notre sol, notre climat nous appelleraient à poursuivre, celles où nous réussirions mieux qu'aucun autre peuple, sont délaissées, méconnues, et végètent misérablement, écrasées sous le double poids des impôts qu'il faut payer aux industries artificielles et des prohibitions par lesquelles l'étranger combat les nôtres. La disposition dont je parle ici a un autre effet. Elle tue les colonies, auxquelles on défend de vendre cher et d'acheter à bon marché. Aussi dépérissent-elles, malgré les droits établis pour les protéger. Toutes sont énormément endettées vis-à-vis de leurs correspondants, et à la Jamaïque, dans l'espace de dix années, la moitié des

terres ont changé de maîtres, par la voie de l'expro-
priation forcée.

En protégeant par un double droit les produits
nationaux contre ceux des colonies, et les produits
des colonies contre ceux de l'étranger, on a produit
d'abord pour les colonies, un mal analogue à celui
que j'ai signalé plus haut pour la métropole. On a
encouragé les productions hors-nature, destinées à
périr de mort violente, le jour où l'équilibre naturel sera forcément rétabli; et en même temps, on a
détruit certaines industries prospères et légitimes,
qui auraient pu faire concurrence aux produits similaires de la nation. On a même poussé ce système
protecteur jusqu'à la prohibition absolue. Et c'est
ainsi que les Anglais ont, pendant long-temps, inter-
dit toute fabrication à leurs colonies d'Amérique,
surtout la fabrication de l'acier, que leurs immenses
forêts, et les nécessités même du défrichement,
leur auraient permis de faire avec tant de supériorité. Mais ceux qui souffrent le plus du système de
droits protecteurs, inventé pour les colonies, ce
sont les consommateurs de tous les pays, et particulièrement ceux de la métropole; car, par une bizar-
rerie dont l'école mercantile offre plus d'un exemple,
les primes à la sortie, et même les drawbacks qui
leur ont été substitués, assurent à l'étranger la libre
jouissance des produits que les nationaux ne peuvent
consommer qu'en acquittant les droits d'entrée.

Tout le monde sait, qu'en Suisse, on achète pour le quart du prix qu'il coûte chez nous, le sucre de nos propres colonies. Et pourquoi cela? parce qu'à son entrée en France, le trésor perçoit un droit sur ce sucre, et un autre droit presque prohibitif sur les sucres étrangers. Puis, comme le raffinage se fait chez nous, et que nos raffineurs désirent exporter leurs produits qui seraient repoussés chez tous nos voisins si on ne les débarrassait des droits payés à l'entrée, la restitution de ce droit a lieu, pour la plus grande satisfaction des consommateurs nationaux. Or, remarquons-le, rien n'est plus absurde que de sacrifier les consommateurs. Tout le monde est consommateur, jusqu'aux producteurs eux-mêmes; et, en bonne logique, il faut reconnaître que la consommation est le but, et que la production n'est que le moyen. Mais qu'importe aux marchands qui ont dicté nos lois de douanes? qu'importe aux gouvernements? aux gouvernements! Je me trompe. Ils vont ici contre l'intérêt même du fisc. Ils nuisent à l'élévation de ses recettes. Je prends encore l'exemple du sucre, parce que c'est un des plus frappants, et un de ceux qui nous sont le mieux connus. N'est-il pas évident que les droits excessifs restreignent énormément la consommation de cette denrée, et par suite, les perceptions du trésor? Sans nous reporter au temps où le sucre se vendait à l'once chez les apothicaires, il m'est facile de comparer la consommation des différentes nations, et de remarquer l'extension remarquable qui résulte de l'abaissement du prix. A Cuba, où le sucre est pour rien, une population de 340,000 hommes libres consomme le tiers ou le quart de sucre que nous consommons dans la France entière; et en Angleterre, où le prix de cette denrée est beaucoup moins élevé que chez nous, la consommation s'élève à seize livres par tête, tandis qu'elle n'est en France que de trois livres seulement.

En assurant, enfin, à la nation le monopole des productions uniques de la colonie, on ne faisait de tort qu'à cette colonie elle-même, qui aurait vendu plus cher, et aux consommateurs de tous les pays, qui auraient acheté à meilleur marché sans le monopole. Au reste il y avait là un profit bien net et bien réel pour le peuple, ou plutôt pour les marchands favorisés. Les Hollandais ont exploité, avec beaucoup d'avantage ces îles à épices, dont ils ont si long-temps défendu l'approche aux vaisseaux de toutes les nations. Mais aujourd'hui, cet intérêt n'existe plus. Il n'y a plus de denrée unique, plus de monopole possible. Il y a trop de colonies émancipées sous toutes les latitudes, pour qu'un commerce exclusif puisse appartenir désormais à qui que ce soit.

Voilà le système de l'école mercantile. Et je n'ai pas parlé des moyens d'exécution. Qu'il me suffise de dire que toute colonisation a commencé par le massacre et l'extermination des indigènes, qu'elle s'est continuée au moyen des esclaves, dont la traite est un des bienfaits de nos colonies, et qu'elle s'est terminée par l'insurrection et la guerre. A Saint-Domingue, nous savons si l'insurrection a été sanglante, et si les noirs ont fait payer à leurs maîtres les intérêts accumulés de leur barbarie.

L'école mercantile s'est imposée sous diverses formes, de moins en moins exclusives. D'abord c'était le régime des compagnies privilégiées, le plus détestable régime que puissent subir les colons, car il supprime même cette concurrence intérieure de la métropole, qui empêcherait les exactions les plus criantes. Le second régime est celui qui fixe un seul port pour les navires venant de la colonie, qui ne leur permet pas d'arriver isolément, et délivre des permissions individuelles aux armateurs. Dans ce système, qui a moins généralement prévalu que le précédent, les inconvénients ne sont guères moindres. Les armateurs, réunis dans un seul port et naviguant de concert, sont conduits, par leur intérêt commun, à se concerter pour faire la loi aux colons. C'est encore une véritable compagnie qui se forme et qui vend et achète aux prix qu'elle-même a fixés. Enfin, le troisième régime est celui qui ouvre le commerce colonial à tous les vaisseaux et à tous les ports de la métropole. C'est le monopole national, le seul que j'aie cru devoir discuter, parce que c'est le seul qui subsiste encore aujourd'hui. Espérons que la raison publique en fera justice, comme de ceux qui l'ont précédé.

CHAPITRE SECOND.

J'ai posé, dans le précédent chapitre, les principes théoriques dont la recherche aurait retardé ma marche. Fort des exemples du passé et des principes que cette étude m'a mis à même de reconnaître, je pourrai éviter de longs développements ; je pourrai m'adresser uniquement aux faits, et marcher d'un pas ferme et rapide à la solution de ce grand problème : la France doit-elle ou non conserver Alger ?

Problème difficile, surtout parce qu'il se complique d'une foule d'éléments divers, et qu'au milieu de la préoccupation générale, l'homme impartial peut confondre les cris de l'intérêt personnel avec les accents du patriotisme, et hésiter à reconnaître ce qui est bon, ce qui est vrai, au milieu des mille

---

[*] Je prie les personnes qui douteraient de l'exactitude des faits allégués dans ce chapitre, de vouloir bien consulter les procès-verbaux de la commission envoyée en Afrique. Elle a conclu en faveur de la colonisation, et ne peut sembler suspecte aux partisans de ce système.

intrigues et des mille passions que cette querelle a soulevées. Je l'avoue, il n'est pas aisé de se soustraire à toute prévention mal fondée, dans une discussion aussi actuelle et aussi grave; et nous devons éprouver aujourd'hui des perplexités cruelles, que dans dix années, nous aurons peine à concevoir.

La question d'Alger m'a paru trop sérieuse, pour que les considérations de forme ne disparussent pas devant l'intérêt dominant de la vérité. Qu'importait d'être plus intéressant, plus élégant, plus dramatique, si je devenais moins logique et moins rigoureux? J'espère que le lecteur entrera dans mes motifs, et se résignera, comme je l'ai fait moi-même, à la marche lente et monotone d'une argumentation méthodique.

Je dois le déclarer en commençant, mon analyse ne portera que sur le système exclusif, qui ne veut pas seulement la conservation nominale, mais la colonisation, avec tous ses frais, tous ses inconvénients, comme aussi, avec tous ses avantages, toutes ses chances d'avenir. Je lui opposerai un système également exclusif, celui qui veut l'abandon complet et immédiat. Quant à cette opinion bâtarde, qui réclame la simple occupation militaire de quelques points, et qui ne présente ni les chances de la colonisation, ni les économies de la retraite; quant à ce timide juste-milieu, qui n'est qu'une évacuation honteuse ou une conservation hypocrite, en vérité, je ne sais s'il mérite les honneurs d'une discussion. Malgré la faveur bien naturelle et bien méritée dans beaucoup de cas, qui s'attache aux moyens termes, celui-ci n'a pu réunir qu'un petit nombre de suffrages. C'est que tout le monde a senti que des points militaires isolés de tout appui, environnés d'une population ennemie, ne méritaient pas les sacrifices d'hommes et d'argent nécessaires pour les conserver. Tout le monde a senti que dans ce système, il ne fallait pas songer à cultiver un pouce de terrain autour des places occupées, dans les plaines d'Alger, de Bone ou d'Oran; car on ne cultive que sous la protection des batteries, et à peine sortis des places fortes, les seules nécessités de la défense amènent une marche incessamment progressive. Il faut conquérir, sous peine d'être conquis. Que deviendraient ces populations, ces garnisons emprisonnées dans leurs murailles? D'où tireraient-elles les approvisionnements de tout genre dont elles auraient besoin? En temps de guerre, ne seraient-elles pas à la discrétion des Arabes et des Cabaïles, à la discrétion des flottes ennemies qui les isoleraient de nos ports? Je crois en avoir assez dit sur cette proposition, qui n'est, au reste, sérieusement soutenue par personne. Pour faire comprendre à quel point elle est inacceptable, il faudrait anticiper sur l'ordre des idées, et montrer dès à présent le peu d'importance qu'ont les places de la régence, comme positions militaires et maritimes. Mais on me permettra d'ajourner ces développements, et de conclure dès à présent, en mettant hors de cause cette première opinion, et en proclamant une formule dont on a souvent abusé, mais qu'il ne faut pas condamner ici : *Tout ou rien.*

J'en viens à mes adversaires véritables, à ceux que n'arrêtent point les 150,000,000 fr. déjà dépensés à Alger, les 30,000,000 fr. qu'il coûtera chaque année, pendant une période plus ou moins longue ; et qui seraient même d'avis que cette somme fût considérablement augmentée, pour suffire aux premiers travaux de construction, de défense, d'assainissement, qui doivent accompagner ou précéder une entreprise sérieuse. Ceux-là disent qu'en colonisant Alger, nous ouvrirons un large débouché à nos produits échangés avec ceux d'un pays fertile, et transportés par notre marine marchande, qui recevra de ce commerce une nouvelle activité ; que nous ouvrirons un lieu de déportation à nos condamnés, et un débouché à la lie de notre population surabondante ; que nous aurons une école pratique, où notre armée viendra s'instruire ; que, par Alger, nous nous assurerons des communications importantes, un vaste commerce d'entrepôt ; que nous fortifierons notre puissance militaire, et acquerrons sur la Méditerranée la prépondérance maritime à laquelle nous devons prétendre ; que nous obéirons à des motifs plus élevés encore, en accomplissant sur le continent africain une grande mission civilisatrice ; qu'il ne faut pas se laisser décourager par la stérilité des premiers efforts, car elle résulte essentiellement des fautes commises par les administrateurs de la colonie ; qu'on peut imputer aussi à l'incertitude qui règne dans les projets du gouvernement, l'état stationnaire de nos établissements d'Afrique ; que d'ailleurs la conservation d'Alger ne saurait être mise en question, car on a fait des promesses, et de nombreux intérêts sont nés sur la foi de ces engagements ; qu'enfin l'opinion publique s'est prononcée, et qu'on ne la braverait pas sans péril.

Tel est l'ensemble de l'argumentation que je veux combattre. Je crois n'avoir omis aucun des motifs mis en avant par les partisans de la colonisation. J'ai lu leurs discours, étudié leurs ouvrages, et j'ai pris soin de réunir en un faisceau, et de coordonner logiquement toutes les propositions éparses dans ces écrits. Il me reste à les discuter l'une après l'autre.

En colonisant Alger, nous ouvrirons un large débouché à nos produits, échangés avec ceux d'un pays fertile, et transportés par notre marine marchande, qui recevra de ce commerce une nouvelle activité.

Sur ce premier point, j'aurais beaucoup à dire,

car c'est le système colonial tout entier que l'on re-produit; mais je m'en réfère aux considérations que j'ai développées dans le premier chapitre.

A la vérité, mes adversaires éprouvent une sorte de pudeur à confesser que leur plan n'est qu'une restauration de l'école mercantile. A les entendre, ils ne réclament ni droits, ni protection d'aucun genre. Alger doit être une colonie européenne.

S'il en était véritablement ainsi, je demanderais quels débouchés nouveaux seraient ouverts à notre industrie, quels transports seraient réservés à nos navires? Dans la colonie européenne, toute l'Europe nous ferait concurrence, et s'il est vrai que nos vaisseaux aient constamment été et soient encore moins nombreux que ceux des autres nations dans les ports de la régence, pourquoi en serait-il autrement à l'avenir? Là présence de quelques colons français, des autorités et des garnisons françaises, suffirait-elle pour assurer la préférence à nos marchandises? personne n'oserait le prétendre.

Qu'entend-on d'ailleurs par cette absence de protection? les produits algériens seraient-ils reçus chez nous en franchise de tous droits? et tandis que nous proscrivons par des droits d'entrée presque prohibitifs les blés de la Crimée et de la Pologne, admettrait-on sans crainte la libre concurrence de ces blés, que l'Afrique doit produire, dit-on, en si grande abondance et à si bas prix? Ce qui nous fait trembler,

quand il s'agit de productions étrangères, l'accepte-
rons-nous volontiers sous l'étiquette de productions
coloniales? Si cette inconséquence est entrée dans
quelques esprits, je ne crains pas qu'elle entre dans
l'application. Les intérêts font trop bonne garde, et
les cultures françaises ne sauront que trop bien se
défendre contre les cultures similaires de nos établissements.

Pense-t-on que notre marine marchande oublie de
faire entendre et ne sache pas faire prévaloir des prétentions analogues? Se laissera-t-elle enlever par les
marines moins chères qu'elle, c'est-à-dire par toutes
celles de l'Europe, le privilége des transports? Ce serait un miracle auquel il est prudent de ne pas s'at-
tendre. La marine fera rentrer dans le cabotage le
commerce entre la France et Alger. Elle imposera
aux bâtiments étrangers des droits considérables, et
ainsi, elle s'appropriera tout le commerce d'Alger
avec la France, et presque tout son commerce avec
les autres pays.

Enfin, qui pourrait supposer que nos industries
soient assez résignées pour admettre sur le marché
d'une colonie la libre concurrence des étrangers?
Quoi! nous aurions sacrifié nos trésors dans l'unique but de nous créer des consommateurs en Afrique?
nous l'aurions fait, au lieu d'employer ces trésors à la
colonisation de notre propre pays, au défrichement de
ces cantons incultes qui déshonorent notre belle Fran-

ce, à la création d'une nation de consommateurs emprisonnée dans notre territoire, entourée de nos produits et hors d'état de nous échapper; nous aurions fait toutes ces folies, et nous ne voudrions pas en recueillir au moins les tristes fruits? Nous nous regarderions comme assez récompensés, si nos efforts et nos sacrifices avaient ouvert un débouché à l'Italie ou à l'Angleterre? En vérité cela n'est pas possible et cela ne sera pas. Les douanes algériennes protégeront les produits de la métropole.

Mais ne l'oublions pas. Une protection en appelle une autre. La colonie se plaindra, non sans raison, d'être sacrifiée. La France repousse ses produits. La France lui impose le transport coûteux de sa marine marchande. La France la prive des bienfaits de la concurrence étrangère. Il faut donc que la France lui accorde la compensation accoutumée, des droits sur les produits étrangers qui pourraient exclure ceux de la colonie dans les ports français.

Ainsi le système mercantile, le système colonial, se reconstruiraient nécessairement de toutes pièces. Ainsi, au moment même où ces doctrines vieillies ne sont plus défendues que par l'existence même des abus qu'elles ont créés, par la crainte qu'un brusque retour à la sagesse n'ébranlât un trop grand nombre d'existences, dans ce moment même, nous aurions l'incroyable audace de sacrifier nos armées et nos ressources, pour rétrograder de 300 ans en arrière, et donner aux progrès de la science économique le plus éclatant démenti !

C'est impossible, dites-vous? mais cela n'est pas seulement possible : cela est nécessaire. Je dis plus : Cela est. Déjà la colonie ne peut plus jouer son personnage. Elle se faisait bien modérée pour se faire accepter. Elle ne voulait ni droits, ni protections. Eh bien! elle a déjà renoncé à ce langage hypocrite. Lisez les pétitions des colons d'Alger ; vous y verrez l'exposition encore timide et incertaine de la théorie que je dénonce. On avoue que la production sera chère à Alger. On demande s'il ne serait pas juste de lui accorder la faveur de quelques douanes. Puis on se hâte d'ajouter qu'on n'exige rien ; on ne réclame dans ce moment que la reconnaissance solennelle de la colonie. Donnez-leur cela et vous verrez plus tard. Au reste, la commission d'Afrique a été plus franche que les colons. Cette commission, composée d'hommes éclairés et qui ont examiné la question sur les lieux mêmes, conclut à l'adoption des réglements protecteurs.

Remarquons qu'aux vices ordinaires de ces réglements, viennent se joindre, dans ce cas spécial, de nouvelles absurdités.

Je ne conçois pas bien, d'abord, comment on s'y prendra pour organiser à Alger ce service de douanes, premier bienfait qui doit annoncer à l'Afrique la présence d'un peuple plus avancé. On peut surveiller les côtes d'une île, établir une surveillance sur des frontières bien fixes et au milieu d'une population dont on est sûr; mais faire une tentative semblable sur une ligne de 400 lieues, au travers des tribus nomades de l'Atlas; c'est moins aisé. Il est vrai que l'insignifiance du commerce algérien sera long-temps la meilleure sauve-garde contre l'introduction frauduleuse des produits étrangers. Je ne sais si les partisans de la colonisation seraient disposés à se prévaloir d'un tel argument.

Il y a plus. Les cultures qui réussissent à Alger n'ont pas ce caractère original qui a fait le prix des échanges coloniaux. Point de culture unique, comme les épices des Moluques. Il paraît même que les cultures inter-tropicales n'y réussiront pas. Le succès des premières plantations de sucre, d'indigo, de coton, ne paraît pas propre à encourager de nouveaux essais; ce dont, au reste, il faut nous féliciter; car si la culture du coton avait réussi, on nous aurait condamnés au coton d'Alger, comme on nous condamne au sucre de la Guadeloupe. Nous préserve le ciel d'une colonie portant coton! nos pauvres n'auraient bientôt plus de chemises.

Ce qui réussit à Alger, c'est l'olivier, le mûrier, la vigne. Ce serait donc une illusion d'espérer qu'il nous fournira des moyens d'échanges. Nos provinces du midi, qu'on dit si intéressées dans la question, n'auront d'autre soin que de défendre leurs soies, leurs huiles et leurs vins contre une redoutable concurrence.

On se rappelle qu'il est des conditions essentielles, je ne dis pas à la prospérité, mais à l'existence même des colonies. Des terres fertiles, étendues et à la disposition du premier occupant, un peuple doux et timide, voilà ce que les colons européens trouvèrent en Amérique, et ce qui rendit possibles leurs établissements dans ce pays. On suppose, sans doute, que ces conditions, au moins, se réalisent dans la régence. Il n'en est rien.

Ses véritables habitants ne sont, ni les Turcs que nous avons chassés, ni les Maures qui disparaissent chaque jour davantage. Ce sont les Arabes et les Cabaïles, peuples guerriers, que les Turcs n'avaient pu parvenir à dompter, et que nous ne dompterons pas. L'histoire des cinq dernières années suffit pour nous apprendre ce que nous pouvons espérer à cet égard. Ils étaient 150,000 sur le rivage le jour de notre débarquement, et depuis, ils n'ont jamais cessé de nous tirer des coups de fusil. A peine a-t-on pu essayer dans une enceinte de blockhaus une culture cent fois interrompue par les incursions les plus hardies. Avec un tel peuple, il n'y a qu'un moyen, c'est l'extermination. Ne soyons pas étonnés si les partisans logiques de la colonisation soutiennent hautement le système exterminateur; ne nous indignons même pas trop de voir un tel système proposé et pratiqué de sang-froid, par un peuple qui fait des lois sur la liberté individuelle et qui réclame l'abolition de la peine de mort. N'avons nous pas vu de nos jours les Américains, sous la conduite de ce même Jakcson, si brutal à notre égard, exterminer les faibles tribus indiennes qui gênaient l'accroissement rapide de leur territoire ! L'extermination est le procédé le plus élémentaire de la colonisation. Il s'agit de savoir si la France du 19e siècle autorisera l'usage d'un tel procédé.

La régence diffère encore de l'Amérique, en ce qu'elle ne présente pas ces vastes terrains inoccupés qui, dans le nouveau monde, n'attendaient que des maîtres et des cultivateurs. A Alger, point de terres vacantes; les prétendues propriétés domaniales se sont évanouies devant un examen plus attentif. Il faut donc que le colon acquière à prix d'argent. On m'objecte que ces prix sont minimes. Mais pourquoi cela ? parce que, jusqu'à présent, la terreur a seule déterminé la conclusion de ces étranges contrats. Bien mieux, il s'est agi le plus souvent de marchés purement fictifs. On a vendu des terres comme des quantités algébriques, sans savoir, ni où elles étaient situées, ni même si elles existaient. Les domaines achetés dans la Métidja formeraient, à eux seuls, une plaine six fois plus grande.

Reste la question de fertilité. Mais, sur ce point encore, il a fallu renoncer aux premières exagérations de la conquête. Le sol de la régence est médiocre, et les récoltes obtenues jusqu'à présent n'ont pas présenté de brillants résultats. Sur plusieurs points, et en particulier dans la Métidja, aux portes d'Alger, de grands travaux d'assainissement doivent précéder toute exploitation. Il faut y sacrifier beaucoup d'argent et beaucoup d'hommes, livrés en proie à ces fièvres, qui sont mortelles sous un ciel brûlant.

Ainsi nous aurions à subir, pour Alger, tous les inconvénients du système colonial, sans en avoir les avantages ordinaires. Tout serait contre nous, les cultures, le sol, les habitants; tout, jusqu'à notre caractère national et aux formes de notre gouvernement, si peu propres à créer cette certitude d'avenir, sans laquelle il n'y a pas de colonisation possible.

Il est une dernière considération qui me semble décisive. Déjà, par le seul fait de notre séjour; déjà, par suite de quelques mots des ministres ou de leurs délégués, nous avons entendu parler de droits acquis; déjà cet être de raison qui entrave tous les progrès, a déclaré l'évacuation impossible. Si la France quitte Alger, nous serons assiégés de réclamations furibondes. On criera au meurtre, à la spoliation; et cependant, à quelques exceptions près, que voyons-nous en Afrique? Des gens d'affaire qui veulent que le gouvernement garantisse leurs spéculations, des joueurs qui ont mis à la loterie, et qui voudraient que la nation assurât un lot à chaque billet. Mais du jour où, par notre conduite, par nos déclarations, nous aurons appelé en Afrique d'honnêtes familles, où des entreprises réelles auront été tentées sur la foi de nos actes, où des intérêts respectables seront compromis, nous nous trouverons liés malgré nous, et responsables, jusqu'à un certain point, de cette catastrophe finale, suite nécessaire et épouvantable d'une retraite précipitée, que les évènements de la guerre peuvent ordonner un jour, et qu'aucune prudence humaine ne préviendra. J'ai peine à croire que certains hommes acceptent sans frémir une pareille responsabilité, je ne sais s'il faut admirer leur courage, ou plaindre leur aveuglement.

Nous ouvrirons un lieu de déportation à nos condamnés, et un débouché à la lie de notre population surabondante.

Je ne puis aborder cette proposition sans rappeler une anecdote bien connue. Avant la guerre de l'indépendance, les Anglais envoyaient leurs convicts dans l'Amérique septentrionale. Franklin, chargé de porter au gouvernement les plaintes de ses compatriotes, sollicitait vivement la révocation de cette mesure; un ministre lui répondit : « Voulez-vous » que nous gardions ces gens-là chez nous? — Et » que diriez-vous, Monsieur, répliqua Franklin, si » nous vous envoyions nos serpents à sonnettes? »

Mais c'était chose convenue alors, qu'une colonie était le souffre-douleur de la métropole. Ce qu'on aurait trouvé atroce vis-à-vis d'une nation, on le trouvait tout simple à l'égard de ce quelque chose, qui n'était pas une nation, mais un domaine à exploiter sans remords ni miséricorde. Il paraît que ces indignes principes n'ont pas péri sans retour, et nos projets de colonisation nouvelle ont eu l'honneur de réveiller des distinctions, dont l'esprit du siècle semblait avoir fait bonne justice.

Je demanderai à mes adversaires ce qu'ils feront à Alger des condamnés qu'ils y déporteront. Ne veulent-ils qu'établir en Afrique les bagnes de Toulon et de Brest? En vérité, l'entreprise ne mérite pas qu'on la fasse sonner si haut, et je ne vois pas que ce déplacement présente de notables avantages.

On veut plus que cela; on veut faire d'Alger un Botany-Bay, où les condamnés jouiraient d'une liberté semblable à celle qu'on leur accorde dans la colonie anglaise. Mais ignore-t-on donc que ce système est condamné en Angleterre par un grand nombre de bons esprits? Il est démontré que la déportation n'est pas seulement une peine très-dispendieuse, très-inégale, très-grave pour le condamné et très-peu exemplaire pour le public; il est démontré, en outre, que les convicts ne s'améliorent pas dans leur nouvelle position. Les crimes se multiplient en Australasie d'une manière effrayante, et le nombre des retours frauduleux prouve que la garantie des distances n'est même pas suffisante pour rassurer pleinement la mère-patrie. Si tels sont les résultats de la colonie pénale de Botany-Bay, je demande ce qu'il faut penser d'un Botany-Bay à trois journées de la France.

On veut bien abandonner ce plan, dont l'exécution serait dangereuse ; mais, à défaut de déportation forcée et officielle, on compte sur l'exil volontaire de cette population turbulente dont l'excès nous fatigue et nous menace. On se félicite de lui ouvrir un débouché. A mon avis, il faut bien peu connaître les principes de la population, pour croire qu'il suffit de lui ouvrir un débouché, pour la faire rentrer dans de sages limites. Il faut moins connaître encore les habitudes de la populace des villes et de ses meneurs, pour s'imaginer qu'ils s'empresseront de porter à Alger des doctrines et une conduite qui n'ont pas fait fortune chez nous.

Nous aurons une école pratique où notre armée viendra s'instruire.

Je sais qu'aujourd'hui, au milieu de la paix profonde qui règne en Europe, et qui ne semble pas devoir cesser de long-temps, il est utile à certains égards de pouvoir faire faire à nos régiments l'apprentissage des combats. Il n'y a pas d'exercice, pas de camp de manœuvres, pas de petite guerre, qui vaille une campagne aux pieds de l'Atlas. Là seulement, en face d'un ennemi réel, nos soldats s'habitueront aux marches, aux privations et aux dangers.

Mais gardons-nous d'acheter trop cher ces incontestables avantages. Dans ces expéditions que, pour le dire en passant, le zèle des généraux et l'ardeur de l'armée multiplieront toujours outre mesure, nos troupes n'apprendront pas seulement à braver le feu des Bédouins; elles apprendront à les imiter. A combattre des barbares, elles contracteront les mœurs de la barbarie. Le passé, à cet égard, ne laisse malheureusement pas de doute sur l'avenir. Il fallait cette guerre d'assassinats et de sanglantes représailles, pour amener des soldats français à égorger de sang-froid la tribu des el-ouffias tout entière, hommes, femmes et enfants, pour un délit sans importance; que dis-je? pour un délit imaginaire. Nous frémissons tous les jours, en lisant dans les feuilles publiques ces horribles bulletins, où il n'est question que de pillages, d'incendies, de têtes coupées et promenées dans les rangs.

Disons-le : l'Afrique est une mauvaise école pour nos soldats, de même que la Navarre pour les régiments espagnols.

Par Alger nous nous assurons des communications importantes, un vaste commerce d'entrepôt.

Pour se convaincre de la vanité de cette espérance, il suffit de jeter les yeux sur une carte. Maroc, Alger, Tunis, Tripoli forment un bassin entière- ment séparé du reste de l'Afrique. L'Atlas, fort élevé derrière Maroc, court en s'abaissant de plus en plus jusqu'après Tripoli; et par de là cette bar- rière, s'étend une barrière nouvelle et plus infran- chissable, le désert de Sahara au midi, le désert de Barca au levant, la mer à l'occident et au nord. En vérité, les états barbaresques formeraient une île dans la Méditerranée ou dans l'océan, que leur isole- ment ne serait pas plus complet, et qu'ils seraient aussi propres à nous ouvrir des communications avec l'intérieur de l'Afrique.

Que peuvent être, d'ailleurs, ces communications? D'où vient que les établissements européens bien an- térieurs à celui d'Alger, et bien mieux placés que lui pour nouer des relations étendues, sont demeurés étrangers aux populations africaines? Je pourrais expliquer ce fait par le peu d'importance d'un com- merce qui récompenserait mal les efforts des gouver- nements. Mais il est une explication géographique qui me dispensera de rien ajouter.

Voyez la singulière configuration du continent africain. S'élevant d'étage en étage jusqu'aux mon- tagnes de la Lune, il laisse tomber ses fleuves des terrasses supérieures; et ceux qui ne parviennent pas jusqu'à l'extrémité du plateau où ils sont nés, ceux qui ne peuvent s'échapper par une cataracte, se perdent et meurent, faute d'une fissure, d'une vallée, qui se fasse jour dans cette masse compacte et uniforme. Ce bizarre continent est aussi impénétrable aux eaux de la mer, qu'il est rebelle aux efforts des eaux intérieures qui glissent sur sa surface, sans l'entamer. Que l'on compare aux rivages découpés de l'Asie et de l'Europe, cette forme arrondie, sans golfe, sans presqu'île, cette terre qui n'a ni saillant ni rentrant, et qui ne projette çà et là qu'un petit nombre d'îles parallèles à la côte, comme Madagascar, et qui semblent des blocs détachés de la masse générale; et l'on comprendra (car l'histoire des peuples est écrite aussi dans la configuration de leur sol), on comprendra pourquoi nous n'avons pu échancrer cette redoutable unité, pourquoi nos établissements, épars sur les bords du continent africain, n'ont pu s'ouvrir un passage vers l'intérieur, et ont été repoussés, comme les vagues de l'océan, qui le rongent en vain depuis des siècles.

Sur un seul point, le génie de l'Europe a fait en Afrique une trouée un peu profonde, et c'est à l'endroit où le Nil a triomphé des obstacles, et a creusé la seule vallée de ce continent. Aussi, l'Égypte est-elle à tous égards une contrée d'exception. On a comparé l'Égypte à Alger, l'expédition de Bonaparte à celle de Bourmont, les projets de colonisation d'alors à ceux d'aujourd'hui. Entre ces deux plans, il y a un abîme. Je ne fais pas seulement allusion à la

fertilité du sol et au caractère des habitants ; je parle
de la position géographique.

L'Égypte, qui, chez les anciens et au moyen âge,
pendant la prospérité de Venise, servait d' ier mé-
diaire au commerce de l'Orient, est encore aujour-
d'hui traversée par de riches caravanes. Et cependant,
la découverte du cap de Bonne-Espérance a détourné
sur une autre route ce grand commerce des Indes,
le seul auquel les progrès de la civilisation ne sau-
raient mettre fin.

Mais les regards se reportent vers cette digue de
vingt lieues, qui, à Suez, sépare la mer Rouge de la
Méditerranée. On se rappelle ce que tous les grands
génies ont pensé ou tenté, ce qu'Albuquerque voulait rendre impossible, en jetant le Nil dans la mer
Rouge, ce que Leibnitz pressentait, quand il con-
seillait à Louis XIV d'attaquer la Hollande en
Égypte et non sur ses canaux, ce que Napoléon
entreprit, quand il effectua à Alexandrie sa descente
en Angleterre.

On peut croire, sans passer pour un esprit roma-
nesque, que ces rêves vagues vont enfin se réaliser.
L'isthme de Suez n'est pas seulement battu et miné
par les flots de deux mers ; il l'est par deux civilisa-
tions qui ont soif de s'embrasser et de se confondre.
Il cédera ; et alors l'Égypte redeviendra l'entrepôt
exclusif du commerce oriental ; alors la Méditerranée achevera d'absorber à son profit la navigation

marchande des autres mers; alors périront ces quelques colonies languissantes, que la navigation du
cap de Bonne-Espérance avait jetées sur les rivages
d'Afrique, et l'intérieur de cette terre inhospitalière
cessera de redouter même le contact faible et éloigné
des établissements européens.

Alors aussi, et plus que jamais, tous les peuples
travailleront à se créer une position, une influence
sur cette ligne électrique, où viendra se concentrer
l'activité commerciale et politique du monde entier.
Heureusement, la France est bien placée pour pro-
fiter de cette révolution. Par où les marchandises,
accumulées à Alexandrie, pénétreront-elles en
Europe, si ce n'est par la seule vallée ouverte du
sud au nord, la vallée du Rhône? Il faudrait fermer
les yeux à l'évidence, pour méconnaître le grand
rôle qui est conservé à Marseille et à Lyon. Sachons
donc, au lieu de tenter la Providence par des efforts
contre nature, sachons saisir et fixer la fortune qui
s'offre à nous. Qu'un chemin de fer unisse Lyon à
Marseille, et tout le commerce européen se préci-
pitera sur cette route indiquée par la nature. Mais
si nous préférons enterrer nos trésors à Alger, dans
cette gorge sans issue, séparée de l'Afrique et de
l'Asie par les montagnes et les déserts, séparée de
l'Europe par les tempêtes; si nous entendons assez
peu les véritables intérêts de ce Midi au nom duquel
on réclame la colonisation, pour repousser les ri-

chesses qui voudraient affluer dans ses ports, et pour leur opposer nos droits de douane et le mauvais état de nos routes, nous serons la risée des nations.

Nous fortifierons notre puissance militaire, et acquerrons sur la Méditerranée la prépondérance maritime à laquelle nous devons prétendre.

Les partisans de la colonisation ont beaucoup insisté sur ce point. Ils n'ont cessé de répéter que l'arithmétique ne suffisait pas pour décider de semblables questions, qu'il ne fallait pas s'enfermer dans de misérables considérations de dépense ou de recette, d'activité ou de ralentissement de notre commerce, mais s'occuper aussi de la gloire et de la grandeur du pays. Ils ont pris en pitié leurs adversaires, gens à vue courte, et incapables de comprendre des intérêts de cette nature.

Assurément, il serait bien permis de soutenir que la force et la richesse se touchent de près dans le temps où nous vivons, et que la gloire, toute poétique qu'elle est, ne dédaigne pas de donner la main à la plus vulgaire arithmétique. Mais je ne veux pas me prévaloir de cet argument; j'accepte avec empressement le terrain nouveau où je suis appelé, et je me demande si Alger est une de ces provinces qui compensent par des levées de soldats, par d'excellentes positions militaires, ou par des ports sûrs et nombreux, les sacrifices pécuniaires qu'elles imposent.

Je vois qu'Alger est séparé par une mer du rivage de la France. Or, je me rappelle tous les inconvénients de ces possessions éloignées, qui ne peuvent contribuer à la défense de la mère-patrie, et qui offrent de nouveaux points vulnérables aux invasions de l'ennemi. Je vois que bien des années s'écouleront encore avant que nous puissions retirer nos soldats d'Alger, et lui en emprunter à notre tour. Je vois qu'inattaquables sur les Pyrénées et sur le Rhin, nous serons fort attaquables à Alger, dont nous pouvons être séparés par une croisière anglaise. Je vois qu'aujourd'hui la route de terre que nous avons suivie nous-mêmes, est ouverte à tout assaillant, et qu'à moins de construire sur les derrières d'Alger des fortifications considérables, nous ne pouvons mettre cette ville à l'abri d'une agression sérieuse.

Je trouve dans la régence un peuple belliqueux, dont les mœurs, la langue, la religion, les habitudes, les souvenirs nous repoussent avec énergie; et je me demande si la Russie a augmenté ses forces en incorporant la Pologne à son empire, si l'Angleterre est plus puissante, parce que l'Irlande, cette malheureuse colonie anglaise, lutte depuis des siècles contre la tyrannie de ses colons, et tantôt au nom de la religion, tantôt au nom de la politique, porte aux vainqueurs ces coups terribles qui font chanceler en plein parlement l'édifice ébranlé de la constitution britannique.

On m'objecte qu'Alger sera une position utile en temps de guerre. De là, nous pourrons jeter au besoin trente mille hommes en Italie. Mais, au nom du ciel, où les prendra-t-on? Ce ne sera pas à Alger, où ils sont nécessaires. Il faudra donc les transporter d'abord dans les ports de la régence, pour les ramener ensuite en Italie. Autant vaudrait, ce me semble, ne pas faire le circuit, et ne pas exposer notre flotte à une perte presque assurée dans les mauvaises rades d'Afrique.

Ou, songerait-on, par hasard, à retirer, le cas échéant, les troupes employées à Alger, pour suffire aux besoins d'une guerre européenne? Malheur à ceux qui envisageraient sans frémir cette épouvantable catastrophe. Et cependant, il faudra choisir. Ou les Arabes reprendront violemment possession de votre colonie abandonnée, ou vous y laisserez trente mille hommes, emprisonnés, inutiles, tandis que la France elle-même combattra pour son existence. Vous savez qu'au moment où le directoire menaçait l'Angleterre d'une descente, les ministres de ce pays pleuraient les garnisons nombreuses paralysées au delà de l'Atlantique. Et vous aussi, vous pleurerez amèrement ce corps d'armée et ces garnisons sacrifiés à vos caprices. Dans un moment de péril, vous en répondrez devant le pays. Vous voyez que je me renferme dans la question de puissance nationale, et que j'y suis plus à l'aise que vous.

Ne l'oublions pas, il faut que chaque peuple obéisse à son génie. Le nôtre nous commande l'unité, la centralisation; nous devons tendre à devenir de plus en plus ce que nous sommes déjà, une nation compacte; et tout ce qui dissémine nos forces est un pas en arrière.

J'arrive à une considération sur laquelle on a particulièrement insisté. La France ne joue pas sur mer le rôle qui lui convient; et puisque la lutte se concentre sur la Méditerranée, elle doit saisir cette occasion d'assurer sa supériorité. La Méditerranée doit être un lac français. Il faut donc que la France étende sa domination sur ses bords, et cent cinquante lieues de côtes en face d'elle ne sont pas à dédaigner. Je ne reproduirai pas ici les doutes que j'ai exprimés sur la convenance de nos prétentions à la prépondérance navale, sur la possibilité de jouer à la fois le double personnage de première puissance continentale et de première puissance maritime. Je ne signalerai pas de nouveau ce mouvement du siècle, qui remplace les canaux par les chemins de fer, et finira peut-être par substituer à toute autre voie les communications terrestres plus rapides et moins coûteuses; qui, enfin, rabaisse l'importance des luttes navales, par le rétrécissement seul du théâtre où elles s'agitent. Je veux que ce point de vue, fort hasardé sans doute, manque entièrement de justesse. J'entre dans le système de mes adversaires. J'admets avec eux, qu'il faut encourager à tout prix notre navigation militaire, et je me demande si la conservation d'Alger est un bon moyen pour atteindre ce but.

Quels sont les prétendus ports de la régence? De mauvaises rades battues de tous les vents, et où les tempêtes sont si fréquentes, que nous les avons vues, dans les différentes expéditions, faire les principaux frais de la défense des Barbaresques. Il n'est même pas nécessaire d'aller chercher des exemples si loin. Il y a quelques jours encore, les journaux étaient remplis des détails de cet épouvantable orage, qui dans les ports mêmes d'Alger et d'Oran, a brisé presque tous les vaisseaux marchands qui s'y trouvaient. Comment supposer que des bâtiments de guerre puissent séjourner dans de semblables abris? Rappelons-nous les paroles de Doria : « Il n'y a que « deux bons ports sur la côte d'Alger, juin et juillet; « et encore je ne m'y fierais pas. »

La seule rade passable, Oran, exigerait des travaux que nous refusons à Rochefort. Les autres ne valent pas la peine qu'on prendrait pour les convertir en ports; et toutes sans exceptions ont si misérablement fortifiées, que notre premier devoir, si nous demeurions dans le pays, serait de dépenser des millions et beaucoup de millions afin de pourvoir à leur défense. Demandons-nous enfin sur quelle route se trouvent ces points de relâche, dans quelle circonstance il pourrait être plus avantageux pour nos flottes de toucher à Alger plutôt qu'à Toulon. En vérité, je ne crois pas que ce cas soit impossible, mais il se présentera bien rarement.

On a cité Malte, Gibraltar, et on nous a dit que l'Angleterre ne se repentait pas, à coup sûr, de les avoir conservés. Mais peut-on comparer aux misérables rades de la régence, ces ports magnifiques, admirablement fortifiés, placés sur la grande route du commerce, et gardés par une faible garnison? On sait que Gibraltar est une des places les plus fortes d'Europe. Quant à l'île de Malte, elle possède cinq beaux ports, tous sûrs, et pouvant contenir une flotte immense. Ses fortifications sont tellement formidables, que Caffarelli les examinant, après la reddition de cette place à l'armée expéditionnaire d'Egypte, disait à ses compagnons : « Ma foi, Mes-« sieurs, nous sommes bien heureux qu'il y ait eu « quelqu'un dedans pour nous ouvrir les portes. »

On ne saurait donc le nier, si la France veut dominer sur la Méditerranée, ce n'est pas en éparpillant sur les côtes d'Afrique ses armées, ses flottes et ses trésors, qu'elle y parviendra. Il faut pour cela qu'elle soit riche et forte. Il faut aussi, j'y consens, que sa marine prenne un nouvel essor. Augmentons le nombre de nos constructions, achevons nos ports, garnissons nos arsenaux, ajoutons tous les ans, si l'on veut, au budget de la marine, les trente millions d'Alger, et nous arriverons bien plus sûrement à faire de la Méditerranée un lac français.

Nous obéirons à des motifs plus élevés encore, en accomplissant sur le continent africain une grande mission civilisatrice.

Je pourrais, à toute force, me dispenser de répondre à cet argument, et dire qu'on nous a souvent blâmés de notre Don Quichottisme politique, que le sang et les trésors de la France n'appartiennent qu'à la France, et qu'elle ne doit pas se charger de civiliser à ses frais les peuples de la Nigritie ou du Congo. Je pourrais dire que, d'ailleurs, il serait sage de songer d'abord à nous-mêmes, et de consacrer notre argent et nos efforts à civiliser les sauvages de l'intérieur. Je pourrais rappeler ces paroles de Paul Louis Courrier, dans son simple discours :

« Si nous avions de l'argent à n'en savoir que faire,
« toutes nos dettes payées, nos chemins réparés,
« nos pauvres soulagés, notre église d'abord (car
« Dieu passe avant tout) pavée, recouverte et vitrée,
« s'il nous restait quelque somme à pouvoir dépenser
« hors de cette commune, je crois, mes amis, qu'il
« faudrait contribuer, avec nos voisins, à refaire le
« pont de Saint-Avertin, qui nous abrégeant d'une
« grande lieue le transport d'ici à Tours, par le

« prompt débit de nos denrées, augmenterait le prix
« et le produit des terres dans tous les environs. C'est
« là, je crois, le meilleur emploi à faire de notre
« superflu, lorsque nous en aurons. »

Mais non, j'abandonne ces motifs vulgaires. Je
conçois qu'il y ait pour un grand peuple un rôle de
haute civilisation, de protection, de moralité à jouer
au dehors. Ce rôle, ce n'est pas moi qui reprocherai
à la France de l'avoir trop souvent accepté, soit lorsqu'elle combattait pour l'indépendance américaine,
soit lorsqu'elle soutenait l'insurrection grecque, soit
lorsqu'elle défendait les droits des pavillons neutres,
soit lorsqu'elle prenait en main la cause des petits
états allemands. Je sens qu'un continent à civiliser
est une œuvre digne d'elle, et qu'elle est assez riche
pour ne pas regretter quelques millions consacrés à
l'accomplir.

Ce qui m'arrête, c'est que nos sacrifices seront en
pure perte, et que l'Afrique ne se civilisera point par
Alger.

On se rappelle les obstacles physiques et géogra-
phiques que j'ai signalés plus haut. On sait que
l'Afrique, impénétrable sur tous les points, l'est surtout à l'égard de nos établissements nouveaux, contre
lesquels elle est protégée par un double rempart de
montagnes et de déserts.

Que faut-il penser d'ailleurs de ces conversions de
races barbares aux mœurs d'un peuple civilisé ?

L'histoire de tous les temps est là pour nous dire qu'on peut chasser, exterminer, remplacer; mais qu'on ne civilise pas. Les invasions armées ont changé la face de l'Amérique septentrionale; les missions évangéliques sont restées, à peu de chose près, impuissantes et stériles.

Demandons-nous ensuite, s'il n'y a pas dans la position même des états barbaresques, dans leur peu de profondeur, leur isolement, et il faut bien le dire, leur aridité, quelque chose qui repousse invinciblement toute civilisation. Certes, le fait de la piraterie est significatif. On ne devient pirate, comme l'a très bien dit le général Demarçay, que quand on ne peut être laboureur ou commerçant. D'où vient, en effet, que les Maures chassés de Grenade, que ce peuple si brillant, si poli, n'a pas exercé sur ses hôtes une influence civilisatrice? La religion, la langue, tout se prêtait à cette heureuse contagion. Et cependant, il n'a pas conquis les Arabes à la civilisation; c'est lui qui a été conquis à la barbarie.

Enfin, soyons de bonne foi. Est-ce bien la civilisation que nous apportons aux Africains? Je laisse de côté nos iniquités, nos excès, sans doute momentanés. Je laisse ces projets de colonies pénales qui seraient, il faut l'avouer, une singulière inoculation de progrès. Je prends la colonisation dans son acception la plus sage, la plus modérée, la plus véritablement civilisatrice. Qui se rendra en Afrique? Quels sont les hommes qui, de nos jours, en l'absence des persécutions religieuses ou politiques, se résignent à quitter le sol natal, et cette terre de la patrie, qu'on n'emporte pas, disait Danton, à la semelle de son soulier? Ce ne sont pas les hommes considérables de fortune, de science, de vertus. Ce sont, le plus souvent, des gens sans aveu, des vagabonds, avec lesquels les Bédouins seraient peu flattés qu'on les comparât.

Il ne faut pas nous laisser décourager par la stérilité des premiers efforts, car elle résulte essentiellement des fautes commises par les administrateurs de la colonie.

En règle générale, je crois peu aux influences personnelles. Partout où existent des éléments de prospérité, on finit par trouver des administrateurs qui les développent; mais, s'il y a des causes fatales de ruine, tout tourne à mal, les hommes comme les choses.

Je ne prétends pas que toutes les fautes commises aient dû l'être; qu'il fût nécessaire d'imposer la contribution des laines, de séquestrer les biens des Turcs et de violer le texte d'un traité juré au nom de France, de proclamer et mettre en pratique le système exterminateur, d'aliéner les Turcs et les Maures, ces deux peuples disposés à nous servir, d'égorger froidement toute une tribu innocente, de saisir ses tentes et ses troupeaux, de distribuer et vendre cet horrible butin, et de forcer

les habitants à illuminer, en leur disant par procla-
mation que la justice française est une belle chose;
de raser et confisquer les mosquées, de violer l'a-
sile des morts, de réduire enfin les naturels à cette
situation où, selon l'expression touchante de l'un
d'eux, ils ne savent plus ni comment vivre ni
comment mourir.

Tout cet abominable régime, contre lequel plusieurs hommes honorables ont protesté, et que le
gouvernement a plusieurs fois suspendu, n'était pas
absolument inévitable sans doute; mais convenons
aussi que la pente était glissante, et que la seule
position d'un gouverneur de colonie le porte presque irrésistiblement aux abus, aux injustices et aux
violences. Le mépris des indigènes est si contagieux,
que les membres de la commission d'Afrique n'ont pu
s'y soustraire entièrement pendant leur rapide séjour.
Or, du mépris on passe vite aux mauvais traitements;
et l'éloignement, l'insuffisance obligée de la surveillance du gouvernement, comme aussi de la surveillance de l'opinion, achève d'encourager le désordre.

Les partisans de la colonisation l'ont si bien senti,
qu'ils ont tracé du gouverneur que réclame Alger
un portrait de fantaisie vraiment curieux. C'est un
homme brave, habile, vertueux, possédant toutes
les qualités, exempt de tout défaut; c'est un Albuquerque, et mieux encore. Quant à moi, je par-
tage l'opinion de l'honorable M. Passy. Si vous con-

naissez un tel homme ; ne l'envoyez pas en Afrique ; gardez-le pour la France, et faites-en le président du conseil.

On peut aussi imputer à l'incertitude qui règne dans les projets du gouvernement l'état stationnaire de nos établissements d'Afrique.

Je comprends à merveille cette cause de langueur. Je sais très-bien que, pour aller à Alger, pour y porter ses capitaux et son industrie, pour y faire des acquisitions sérieuses, pour y planter des arbres (et les principales cultures y sont arbustives), il faut compter sur l'avenir, et être certain que jamais un brusque abandon ne livrera aux Bédouins le résultat de tous ces travaux.

Mais c'est là un mal auquel il est impossible de porter remède. Comment faire que l'évacuation d'Alger ne soit plus remise en question? Que serviraient toutes les déclarations du gouvernement (s'il avait l'imprudence d'en faire)? Une chambre, un ministère, ont-ils mission pour enchaîner les résolutions futures d'une nouvelle chambre ou d'un ministère nouveau? Peuvent-ils, à plus forte raison, interdire les investigations de la presse et les exigences de l'opinion? Résignons-nous. Alger sera toujours discuté, de même que l'amortissement ; et cette menace de discussion qui a tué l'amortissement, portera aux projets de colonisation un coup plus mortel encore. Il faut accepter notre forme de gouvernement , telle qu'elle est. Ses avantages sont assez brillants et assez solides, pour que nous puissions passer sur quelques inconvénients. Chez nous, les entreprises qui ont besoin d'un silence garanti et d'un avenir certain, sont devenues impossibles.

On assure que la commission du budget doit proposer, sous peu de jours, une résolution fort propre à redoubler cette incertitude qui arrête le développement de la colonie. Il s'agit de réduire l'effectif du corps d'occupation. Je serais assurément le premier à me prononcer contre cette mesure, si elle devait avoir un caractère définitif; car elle nous placerait dans cette situation équivoque et fausse, où on ne recueille plus les avantages d'aucun système, parce qu'on les mutile également. Je l'ai dit : Tout ou rien ; l'entreprise complète avec toutes ses charges; ou l'évacuation. Mais, s'il est vrai, comme je le pense , que la proposition dont je parle soit une transition vers ce dernier parti , une sorte d'avertissement préalable donné aux colons, une leçon indirecte à l'opinion publique; je ne m'étonne aucunement que la chambre emploie dans une question semblable des ménagements excessifs, et se borne à faire pressentir aujourd'hui l'opinion plus nette et plus tranchée qui ne tardera pas à prévaloir.

D'ailleurs, la conservation d'Alger ne saurait être mise en question , car on a fait des promesses, et de nombreux intérêts sont nés sur la foi de ces engagements.

On a mauvaise grâce, sans doute, à se faire une arme des promesses prétendues du gouvernement, au moment même où on vient de déplorer le vague de ses résolutions et l'insécurité qui en résulte.

C'est ici une honnête manœuvre pour faire violence à notre bonne foi. On cherche à lier le gouvernement par ses paroles et par ses actes, alors qu'il a évité de rien faire et de rien dire qui parût engager irrévocablement le pays. Nous savons, d'ailleurs, que toutes les déclarations du monde ne pourraient enchaîner nos déterminations futures.

Ne nous laissons donc pas imposer sans raison ce fatal système des droits acquis, éternel obstacle à toutes les améliorations. Disons-nous d'abord que, dans un pays comme le nôtre, on ne fait rien, on n'entreprend rien, qu'avec la perspective et sous la condition connue de tous, que la législation peut changer ; en sorte que la perturbation apportée par ces changements est une considération d'utilité, jamais une considération de justice. Disons-nous aussi, que ces intérêts (je ne veux plus dire ces droits) n'existent pas encore à Alger, où les spéculateurs qui ont acquis des terres, ont parfaitement tenu compte des chances d'évacuation, dans leurs prix d'achat.

On ne saurait abandonner la régence, sans

la livrer aux Anglais, ou y ressusciter la pi-
raterie.

Si j'ai eu le bonheur de faire partager ma conviction au lecteur ; s'il pense avec moi qu'Alger est une possession détestable, une cause d'affaiblissement et de ruine, une charge sans compensation, je me dispenserai de répondre au premier de ces reproches.

A moins de porter, dans nos jalousies nationales, une niaiserie que je ne comprendrais pas, nous ne pouvons que souhaiter à nos rivaux l'occupation des provinces qui nous ont paru trop onéreuses pour nous-mêmes. Rassurons-nous, du reste : l'Angleterre est trop habile pour consentir à nous succéder ; et la place ne deviendra pas plus engageante, parce qu'un nouvel et plus éclatant exemple de retraite sera venu se joindre à celui des Espagnols, qui furent enchantés de trouver, dans un tremblement de terre, un prétexte honnête d'abandon.

Quant à la piraterie, je ne pense pas qu'elle pût relever la tête, après la grande leçon de 1830, et en présence des forces navales qui se donnent rendez-vous dans la Méditerranée. En tous cas, ce n'est pas notre pavillon qui peut craindre les insultes ; de tout temps il a été respecté, et si nous voulons absolument nous porter les patrons d'intérêts qui ne sont pas les nôtres, ne nous croyons pas tenus de conserver Alger pour cela. Contentons-nous de le bombarder ou de le prendre de temps en temps. Nous y trouverons bien mieux notre compte.

Enfin, l'opinion publique s'est prononcée, et on ne la braverait pas impunément.

Il ne faut avoir pour l'opinion publique, ni un dédain aveugle, ni une servile complaisance. Il faut que le gouvernement qu'elle éclaire, sache aussi l'éclairer à son tour. Tout en évitant de la heurter inutilement, il doit oser, au nom de ses devoirs, lui résister quelquefois avec courage.

Mais, d'abord, qu'il distingue avec soin de la véritable opinion publique cette opinion factice, créée et mise au monde par de méprisables intrigues, et par les criailleries systématiques des journaux. Or, si je ne me trompe, l'opinion qu'on m'oppose, dont on se cuirasse, derrière laquelle on se croit invulnérable, provient, en partie, du moins, de cette source impure.

En 1830, ni le gouvernement ni la France ne songeaient à coloniser. Mais les gens d'affaire, qui avaient suivi l'expédition, trouvèrent tout naturel de placer sous la garantie nationale les biens dont la terreur de la conquête leur avait permis de s'emparer. De ce moment, il y eut un parti coloniste, et on créa le roman d'Alger. On fit dire, par les journaux, que rien n'égalait la fertilité de la régence, que les terres étaient à qui voudrait les prendre, que les Arabes opposeraient peu d'obstacle à nos établissements. Surtout, on eut soin de noircir les administrateurs qui ne poussaient pas assez vivement à la colonisation. Ce fut ainsi que, selon l'expression consacrée, on *travailla* l'honorable M. Pichon, forcé bientôt de laisser la place libre aux opérations d'un général, favori du parti coloniste, et qui comprenait à merveille le système exterminateur.

Nous qui avons vu flétrir tant de nobles renommées, nous ne comprenons que trop bien l'effet de ces calomnies, l'effet de ces publications intéressées, qui tombaient goutte à goutte sur l'opinion, et l'altéraient insensiblement.

Parmi les moyens employés, il en est un qui s'adresse à notre susceptibilité nationale. L'Angleterre nous conteste le droit de garder Alger, dit-on. Notre retraite serait donc une lâcheté, car elle aurait l'air d'être le résultat de ses menaces. Heureusement, les faits ont déjà réfuté cet argument, le plus propre à faire impression sur les âmes patriotes. Les discussions du parlement et les paroles des ministres anglais ont démontré aux plus prévenus la parfaite indifférence de la Grande-Bretagne pour notre séjour en Afrique.

Quoi qu'il en soit de son origine, je dois avouer l'existence d'une opinion favorable à la conservation d'Alger. Elle a même exercé un despotisme, qui ne témoigne pas en faveur de notre courage civil. Qu'on lise les procès-verbaux de la commission envoyée en Afrique. Presque tous les membres commencent par déclarer qu'Alger est un legs funeste, une possession onéreuse, et que nous serions heureux d'en être débarrassés. Mais ils ajoutent que la France veut garder Alger, et ils se hâtent de conclure contre leurs prémisses.

Autant en dirai-je des paroles des ministres et des discours de tribune. Les députés mêmes qui se sont prononcés d'abord avec le plus de franchise, ont reculé ensuite devant l'impopularité qui les menaçait.

C'est qu'en effet, il faut être bien sûr de son patriotisme pour oser dire à un peuple : « Vous devez » renoncer à votre conquête. » Smith lui-même, l'ennemi des colonies, avouait que jamais nation ne consentirait à l'abandon d'une seule province, quelque onéreuse qu'elle fût. Il le disait avant la guerre de l'indépendance; et quelques années plus tard, les Anglais, qui avaient rejeté bien loin la honteuse idée d'une retraite volontaire, se retiraient contre leur gré, en vaincus.

Profitons de ce grand exemple. N'attendons pas pour quitter Alger qu'une guerre générale nous y contraigne; que des périls sur nos frontières de France nécessitent le rappel de nos soldats. Agissons librement, dignement, comme il convient à un grand peuple. En ceci, comme en tout, il y a un moment qu'il faut saisir, une heure fatale, après laquelle les meilleures résolutions deviennent impossibles et dangereuses. Ne soyons pas de ceux dont on dit vulgairement qu'ils sont nés un jour trop tard.

C'est au nom de la gloire et de la puissance de mon pays que je parle. Et moi aussi, j'en appelle à l'opinion, à l'opinion de l'avenir et d'un avenir prochain, à cette opinion d'abord timide et faible, qui, sans cesse, grandit et se fortifie par la discussion, à cette opinion saine et vraie sur laquelle il faut avoir les yeux fixés, parce qu'elle seule juge sans recours les fautes des gouvernements, quand ils n'ont pas su se placer au-dessus des entraînements du jour.

Paris, 4 avril 1835.

FIN.